Von den heimlichen Rosen

Oh, wer um alle Rosen wüsste,
die rings in stillen Gärten stehn –
oh, wer um alle wüsste, müsste
wie im Rausch durchs Leben gehn.

Du brichst hinein mit rauen Sinnen,
als wie ein Wind in einen Wald –
und wie ein Duft wehst du von hinnen,
dir selbst verwandelte Gestalt.

Oh, wer um alle Rosen wüsste,
die rings in stillen Gärten stehn –
Oh, wer um alle wüsste, müsste
Wie im Rausch durchs Leben gehn.

Christian Morgenstern 1871–1914

Pierre-Joseph Redouté, *Rosa inermis* (Ausschnitt), Kupferstich von Lemaire nach einem Aquarell von Redouté, um 1815, Staatliche Museen zu Berlin Preußischer Kulturbesitz, Kunstbibliothek

Folgende Doppelseite:

Jacob van Es, *Stillleben mit Krug und Rosen* (Ausschnitt), Mitte 17. Jh., Öl auf Leinwand, Valenciennes, Musée des Beaux-Arts

Ein Buch ist wie eine Rose,

beim Betrachten der Blätter

öffnet sich dem Leser das Herz

PERSISCHES SPRICHWORT

Eva Rosenkranz

Rosenzauber

Ein malerisches Bouquet mit Gedichten

Prestel
München · Berlin · London · New York

Eine Rose ist eine Rose ist eine Rose GERTRUDE STEIN

Königin und Kurtisane, ätherische Schönheit und kämpferische Piratin, wilde Tochter der Venus und heilige Begleiterin der Muttergottes – die Rose ist Rilke zufolge »reiner Widerspruch«. Sie ist zart wie das feinste Porzellan, und doch können ihre Dornen einen das Fürchten lehren. Sie ist anmutig und kraftstrotzend vital, sie ist schnell vergänglich und so unzähmbar artenreich, dass Goethe seine Lieblingspflanzen gelegentlich »die Lüderlichen« nannte.

Seit 25 Millionen Jahren bevölkert die Rose die Erde und blüht am Wegesrand der Menschheit. Auf Gräbern und in Schlossgärten, in Gewächshäusern und an Autobahnen, auf Gemälden und Kaffeetassen. Die Rosenliebe der Menschen, die längste Liebesbeziehung der Kulturgeschichte, hat überall ihre Spuren hinterlassen – in Grabbeigaben Mythen, Bildern und Geschichten. Keine Pflanze ist den Menschen so nah wie die Schönheit im Dornenbusch. Keine ist Symbolfigur von so vielfältiger Bedeutung.

Gertrude Stein, Ikone der Moderne, hat im 20. Jahrhundert legendäre Worte gefunden für jenen Zauber der Rose, der Menschen seit Jahrtausenden gefangen nimmt: »Eine Rose ist eine Rose ist eine Rose« – sinnlich wie die betörende Schönheit einer Rosenblüte, rätselhaft wie die Königin der Blumen selbst. Diese einzige Zeile enthält den vitalen Eigensinn der Rose, den beispielhaft Angelus Silesius im 17. Jahrhundert besang – »Die Ros' ist ohn' Warum, | sie blühet, weil sie blühet. | Sie acht' nicht ihrer selbst, | fragt nicht, ob man sie siehet« – und öffnet gleichwohl der Phantasie Räume, dem Geheimnis dieser einzigartigen Begleiterin der Menschen nachzuspüren. Von Fossilien und ersten Schriftzeugnissen über die Rosenexzesse der Griechen und Römer, die Rosengläubigkeit von Alchimisten und Kräuterfrauen bis hin zur Rosenverliebtheit der Maler und Dichter, von der mythischen Fünfblättrigkeit der Wildrose bis zur romantischen Fülle alter Rosen spannt sich der Bogen.

La vie en rose JACQUES BREL

Alles ist Rose. Unzählige Male wurde sie bedichtet und gemalt, im Knopfloch getragen und zu Pomade verarbeitet. Sie wurde in Gold gefasst, und für sie ruhten die Waffen. Im Schlachtenlärm der Perserkriege und Kreuzzüge eroberte sie die Welt, in ihrem Zeichen wurden von 1455 bis 1485 in England zwischen der roten Rose von Lancaster und der weißen Rose von York die Rosenkriege geführt. Sie war Gegenstand höchst herrschaftlicher Befehle wie bei Karl dem Großen, der jedem Garten des Reiches eine Rose verordnete, und kaiserlicher Leidenschaft wie bei der liebeskranken französischen Kaiserin Joséphine, die Trost bei den Rosen suchte und die bis dato größte Rosensammlung schuf.

Die Rose hat ihren Namen dem Rosenmontag, der Rosenwange, der Rosenzikade, dem Herzensstein Rosenquarz oder auch dem Rosenkohl überlassen. Sie ziert Briefmarken und Wappen. Ihr zu Ehren gibt es eine Rosenkönigin und das weltweit einzige Rosenmuseum im Rosendorf Steinfurth, nördlich von Bad Nauheim in Hessen gelegen. In Spanien werden am 23. April Bücher und Rosen verschenkt.

Die schöne Rosenpflückerin: Elisabeth Vigée-Lebrun (1755–1842),
Porträt der Maria Christina von Bourbon, Neapel, Museo di Capodimonte

Die Verehrer der Rose sind feinsinnig und gelegentlich derb. Zu letzteren gehörte sicher der Verfasser der drastischen Grabinschrift »Eine Rose allhie begraben leit, | Von schön berümpt sehr weit und breit; | Jetzt ist es nur ein Madensack, | Den niemand sehn noch riechen mag«. Rosenliebhaber sind aber auch in den Sortennamen verewigt: So trägt die *Rosa gallica* ›Cardinal de Richelieu‹ natürlich Kardinalspurpur, die wunderschön duftende *Rosa alba* ›Königin von Dänemark‹ ein nordisches Rosa und ›Maiden's Blush‹ das zart errötende Weiß einer Jungfrau. Die Poesie der Rosennamen spiegelt Geschichte(n) und Schicksale, Ruhm und Starglitter. Manche Namen zergehen auf der Zunge (›Belle Amour‹ oder ›Honeymoon‹), über andere lässt sich trefflich streiten (›Whisky‹ oder ›Atombombe‹).

Wie ihre Namen geht auch die Rose mit der Mode. Seit dem 18. Jahrhundert, als die Wild- und Kulturrosen aus dem Nahen und Fernen Osten mit Kreuzrittern, Seefahrern und Pflanzenjägern ein zweites Mal nach Europa kamen und die Botaniker das Geheimnis des ›Beilagers‹ der Rose entschlüsselt hatten, griff Rosenbegeisterung um sich. Aus den wenigen Urrosen gingen Zehntausende Sorten hervor: kleine Büsche oder bis zu fünfzehn Meter hoch kletternde Riesen, alle Rottöne, gelb, weiß oder zweifarbig, dicht gefüllt blühende »Krinolinen mit vielen Dessous« oder schlanke Blüten, die an ein Cocktailkleid erinnern, Dauerblüher oder jene Kostbarkeiten, die sich für wenige Sommerwochen in atemberaubendem Blütenkleid präsentieren.

Der Phantasie der Natur, die der Rose eine ausgeprägte Neigung zur Bildung von Varietäten mitgegeben hat, und der Phantasie der Züchter scheinen kaum Grenzen gesetzt. Ausgehend von den fünf Urahnen der Rose – *Rosa gallica* (Apotheker- oder auch Essigrose), *Rosa damascena* (Ölrose), *Rosa centifolia* (Hundertblättrige oder auch Kohlrose), *Rosa alba* (weiße Rose) und *Rosa canina* (Hundsrose) – unterscheidet man heute ca. 250 ›echte‹ Arten. Als ›alte Rosen‹ bezeichnet man diese fünf mit ihren Varietäten sowie Moosrosen, Chinarosen, Noisetterosen, Bourbonrosen, Portlandrosen, Teerosen und Remontantrosen. Als ›moderne Rosen‹ werden alle nach 1867 – dem Einführungsjahr der legendären ›La France‹ – gezüchteten Rosen bezeichnet. Mit Beginn des 20. Jahrhunderts wurden die Rosenblüten immer größer, die Farben immer greller. Die neuen Rosen verloren ihren Duft, ihre Seele, ihr Geheimnis. Alma de L'Aigle berichtet: »Ich weiß noch, wie die blendend schöne, großblütige Frau Karl Druschki in unserem Garten auftauchte. Selbstbewusst stand sie auf ihren kräftigen Stengeln. Wenn man ihr aber näher kam und in Zärtlichkeit ihr das Gesicht zuneigte, dann blieb sie kalt wie eine pompöse Frau, vollbusig, im gut sitzenden Korsett, mit Brillanten geschmückt, in üppiger Schleppe. Ach, sie hatte keine Seele! Kein Hauch von Duft entströmte ihr.«

Fürstliche Häuser als Namensgeber: *Rosa canina* ›Anjou-Rose‹ (links) und *Rosa damascena* ›York und Lancaster‹, gemalt von Pierre-Joseph Redouté, um 1815

Die Zeit der Teehybriden, der »Parvenues« unter den Rosen, wie der Züchter Wilhelm Kordes sie nannte, brach an. Der Größe folgte die Vielzahl, die Masse als Qualitätskriterium. Die Rose wurde ›industrietauglich‹. Viele alte Rosensorten gingen verloren (»Pflanzen gehen ein, sagt der Gärtner, Rosen sterben«, weiß Julien Green) und sind nur noch auf den Aquarellen der Rosenmaler erhalten.

Ein Rosentraum in Seide: François Boucher, *Bildnis der Marquise de Pompadour*, 1756, München, Alte Pinakothek

Doch sie kehrten zurück. Ihre Renaissance ist mit Namen wie Gertrude Jekyll, David Austin oder André Eve verbunden. Der Rosenkultivator Jens Jensen spricht von Rosen von »fast unwirklicher Schönheit, zart in den Farben, dicht gefüllt, gedreht, gewirbelt in der Blüte, mit wundervollem Duft«, die heute wieder die Gärten schmücken. Und mit ihnen jener himmlische Wohlgeruch, den die Rose wie keine andere Blume verströmt. 400 Duftkomponenten verschmelzen zu einem betörenden Aroma.

Zur umfassenden Sinnlichkeit der Rose gehört neben ihrer Schönheit, ihrer zärtlichen Berührung und ihrem Duft auch ihr Geschmack. Rosen sind essbar wie ihre weitläufige Verwandtschaft, zu der Äpfel, Birnen, Kirschen und Aprikosen gehören. Schon früh haben Menschen sich bemüht, den kostbaren Wohlgeruch zu konservieren. Beim Trocknen bewahrt nur die *Rosa gallica* etwas von ihrem Duft. Kandierte Rosenblüten, ›Neros Rosenpudding‹ oder Rosenliköre sind Versuche, »dieses Vergänglichste festzuhalten, wenigstens für eine Mahlzeit: Rosenwasser, Rosenöl, Rosensirup, Rosenmehl. Viele Rezepturen haben etwas Verzweifeltes: inständige Bitte an das Ätherische, sich für eine kurze Weile ans Dingliche binden zu lassen« (Jürgen Dahl).

Und über allem neigen sich Rosen SAPPHO

»Rosen sind ein kostbares Geschenk aus dem Paradies.« Voller Poesie erzählt diese Inschrift aus Indien, was wissenschaftlich belegt ist: Rosen gehören zu den frühen pflanzlichen Bewohnern der Erde. Fossilienfunde weisen bis ins Tertiär, also etwa 25 Millionen Jahre weit zurück. Es scheint, als sei die Urrose von Anbeginn Gefährtin des Menschen gewesen. Die Rosen des Paradieses trugen, so erzählt die Legende, keine Dornen. Erst der Biss Evas in den verbotenen Apfel ließ ihnen Dornen wachsen, die botanisch Stacheln sind. Ihren Duft und ihre Schönheit aber durften sie behalten, um den Menschen vom ewigen Heil zu künden. Alle Kulturen der Nordhalbkugel – niemals konnte sich die Rose zum Überschreiten des Äquators entschließen – bewahren eine Vielzahl von Mythen, Sagen und Geschichten über die Herkunft der »Königin der Blumen«, wie sie die griechische Dichterin Sappho (7. Jahrhundert v. Chr.) als erste nannte.

In der Gedankenwelt des Islam entstand die weiße Rose aus den Schweißtropfen des Propheten Mohammed. Die antike Sage bindet das Geheimnis der Rosengeburt an das Mysterium der Aphrodite: Die Liebesgöttin entsprang einer Perle und erhob sich voller Schönheit aus dem Meer; die Götter waren so fasziniert von dem Schauspiel, dass sie den Meeresschaum, der am Körper haftete, in weiße Rosen verwandelten. Die Rotfärbung der weißen Rose bringt die griechische Mythologie mit dem Tod von Adonis in Verbindung: Aphrodite eilte zu ihrem verwundeten Geliebten und trat auf einen weißen Rosenbusch; das heilige Blut der Göttin färbte die Rosen auf ewig rot. Im Orient entsprang die rote Rose einem Lächeln der Wollust. In persischen Legenden drückt eine Nachtigall ihre Brust in die Dornen eines weißen Rosenstrauches und färbt die Blüten mit ihrem Blut rot. Christliche Legenden behaupten hingegen, dass alle Rosen ursprünglich rot waren und erst durch die Tränen Maria Magdalenas unter dem Kreuz weiß wurden.

Etwa 4000 Jahre alt: Die erste Darstellung einer Rose auf dem *Fresco mit dem blauen Vogel* im minoischen Palast von Knossos

Von wo aus die Rose ihren Siegeszug um die Welt antrat, liegt im Dunkeln. Als älteste historische Darstellung einer Rose gilt das *Fresco mit dem blauen Vogel,* das Arthur Evans in den Ruinen des minoischen Palastes von Knossos entdeckte. Tönerne Gedenktafeln in den königlichen Gräbern der Sumerer von Ur (2000 v. Chr.), Spuren von Rosenöl als Grabbeigaben und getrocknete Rosensträuße im Grab des Pharaos Tutanchamun (reg. 1347–1337 v. Chr.) weisen auf die uralte Existenz und kultische Verwendung von Rosen hin. Heute gelten die Südhänge des Kaukasus, wo Ziegen und Gemsen die stachelbewehrten Sträucher mieden, als Heimat der Urahnen unserer Gartenrosen.

Als Rosenland des Nahen Ostens gilt Persien. Aus Gedichten und Legenden scheinen noch heute die märchenhaft üppigen Rosengärten von Shiraz oder Isfahan zu duften. In der persischen Mystik wird die Rose zur Manifestation Gottes, dessen Gegenwart als herrliche rote Rose erstrahlt. Hier hat auch die zärtliche Geschichte von der Liebe der Nachtigall zur Rose ihren Ursprung, in der diese Leidenschaft, Sinnlichkeit und Vergänglichkeit symbolisiert. Mit der Eroberung Ägyptens brachten die Perser ihre Lieblingsblume an den Nil, wo sich schnell ein Rosenkult entwickelte. Die heilige Blume der Isis lieferte wertvolles Öl, das von den Persern als göttliches Geschenk geschätzt wurde und

Hundertblättrige englische Rosenpracht

an dessen Rarität sich auch mit heutigen technischen Möglichkeiten wenig geändert hat (man benötigt bis zu 5000 Kilogramm Rosenblüten, um ein Kilo ätherisches Rosenöl zu gewinnen). Im ägyptischen Totenkult wurden die Körper mit Rosenwasser gewaschen und mit rosenhaltigen Ingredienzen gesalbt. Von der ägyptischen Königin Kleopatra wird überliefert, dass sie zum Empfang von Marc Anton den Boden mit einem sechzig Zentimeter hohen Teppich aus Rosenblüten schmücken ließ.

Bei den Rosenschönheiten des Vorderen Orients handelte es sich um die stark duftenden und gefüllten Arten *Rosa gallica* und *Rosa damascena.* Sie gehören zu den bereits erwähnten fünf Urrosen, aus denen alle heute erhältlichen Sorten hervorgegangen sind. Herodot, der weitgereiste Geschichtsschreiber der Antike, berichtet im 5. Jahrhundert von gefüllt blühenden Rosensträuchern in den Gärten des Königs Midas von Thrakien, deren Duft alle bis dahin bekannten Blumen übertraf. Herodot war es auch, der sie Centifolien nannte – Hundertblättrige. Die Bauernrose unserer ländlichen Gärten ist also eine Syrerin oder Perserin, wie der Schriftsteller Rudolf Borchardt feststellt.

Der Ferne Osten ist die Heimat der öfter blühenden Rosen. In Indien, China und Japan sind Rosenkulturen seit Jahrtausenden bezeugt. Die intensiv rot und bis in den Herbst blühende *Rosa chinensis* kam erst im 17. Jahrhundert auf den neuen Handelswegen und durch Pflanzenjäger direkt nach Europa. Ihr intensives Rot und ihre lange Blütezeit löste dort ungläubiges Staunen aus. Durch Züchtung brachte sie den eher gedämpften Farben der Rosen Mitteleuropas Leuchtkraft. Auch die gelben Farbtöne gehen auf die Wildrosen des Fernen Ostens zurück.

Der Rosenkult der Griechen und Römer ist bis heute sprichwörtlich: Sie waren ›auf Rosen gebettet‹, denn Matratzen und Kissen sollen mit Rosenblüten gefüllt gewesen sein. Erste Kunde von der Rosenbegeisterung der Antike bringt Homer in seiner *Ilias.* Die Göttin der Morgenröte, Eos, war rosenfingrig, die Schöne Helena rosenwangig. Achill zog mit rosenverziertem Schild in den Trojanischen Krieg. In Griechenland wurde die Rose der Göttin der Liebe, Aphrodite, geweiht. Helden zogen mit Rosenkränzen geschmückt in den Kampf; verehrten Menschen wurden der Weg mit Rosenblüten bestreut. Doch die schnell verblühende Rose gemahnte auch an Vergänglichkeit und Tod und wurde so zum bis heute verwendeten Grabschmuck.

Beispiellos in der Kulturgeschichte ist die Rosenbegeisterung der Römer. Als Symbol der Liebesgöttin Venus und des Fruchtbarkeitsgottes Bacchus begleitete sie zunächst religiöse Zeremonien, später fehlten Rosen bei keinem Fest. Rosen waren allgegenwärtig. Kaiser Nero ließ Rosenblüten auf die Tischgesellschaft regnen, Kaiser Heliogabal seine Gäste gar unter ungeheuren Massen von Rosen ersticken. Der römische Brauch, unter Rosen – sub rosa – Geheimnisse auszutauschen und Verschwiegenheit über Gesprochenes zu wahren, bezieht sich auf die dichte Geschlossenheit der Rosenknospe und erklärt, warum sich an Beichtstühlen, auf Deckengemälden oder über Wirtshaustischen Rosen finden. Um den riesigen Rosenverbrauch im Römischen Reich zu decken, wurden Rosen, meist stark duftende Damaszenerrosen, in großen Kulturen angebaut und massenhaft importiert. Dass die Rosenexzesse der Römer doppelgesichtig waren, bezeugen Darstellungen der Hekate. Die Göttin, die die Seelen der Verstorbenen holt, trägt einen Kranz aus fünfblättrigen Rosen – deren Kurzlebigkeit wurde als eindringlicher Verweis auf die Vergänglichkeit des Lebens betrachtet.

roseroseros erose eros Eugen Gomringer

Was der Schweizer Schriftsteller und Poet Eugen Gomringer mit seinen Rosen-Sprachspielen erzählt, weiß auch das Märchen von Dornröschen und verrät der französische Dichter Emile Zola: »Die knospenden Rosen pressten ihre Blätter zusammen und ließen das unbestimmte Seufzen von Jungfrauen vernehmen.« Die Rose – das ist Sinnlichkeit, Weiblichkeit, Eros, das ist Unschuld, Begierde, Fruchtbarkeit. Ihr betörender Duft berauscht und erregt. Die Mythen wissen um diese stärkste Symbolkraft im Pflanzenreich. Die Priesterinnen der Venus, ihre heiligen Prostituierten, trugen die Rose als Zeichen. Noch im 19. Jahrhundert nannte man Huren mancherorts in Frankreich ›Rosen‹. Die weiße Rose gilt als Zeichen der Jungfräulichkeit, die rote Rose als Symbol mütterlicher Sexualität in vollster Blüte. Ihre Dornen stehen für stechenden Schmerz.

Der persische Dichter Saadi besingt im 13. Jahrhundert den Rosengarten als Ort vollkommener Extase. In der höfischen Minne des Mittelalters war die Rose Symbol des Ewigweiblichen, der idealen Geliebten, die die Liebe des Ritters entflammte. Der altfranzösische *Rosenroman* beschreibt erstmals in der mittelalterlichen Literatur Liebe nicht als platonische Überhöhung der Geliebten, sondern als Garten der Lust, wo der Mann allen Gefahren trotzt, um ans Ziel seiner Wünsche zu gelangen: die Rose zu pflücken und ihre Blütenblätter zu liebkosen, sie auseinander zu biegen und sich in der Blüte zu verlieren. Die Geschichte von Dornröschen, das hundert Jahre auf den sich mutig durch die Dornen kämpfenden Prinzen warten muss, symbolisiert ebenfalls das Zur-Frau-Werden. Eine Vielzahl von Rosenausdrücken haben unmittelbar erotische Bedeutung: ›Rose‹ für Vulva, ›nach Rosen gehen‹ für minnen, ›Rosen suchen‹ für auf Liebe ausgehen oder ›Rosen brechen‹ für entjungfern. In manchen Städten haben sich Rosengassen oder ein Rosenplan erhalten, wo früher die Freudenmädchen wohnten. Ihre Besucher nannte man ›Rosengässler‹.

Die starke Symbolkraft der Rose begründete ihren Niedergang nach dem Untergang des Römischen Reiches. Für die frühen Christen war sie Inbegriff des Heidnischen und Symbol von Zügellosigkeit und Verschwendung: »Die Rosen erröten und stechen wie die Begierden; sie erröten wegen des Vorwurfs der Schamlosigkeit und stechen mit dem Stachel der Sünde« (Kübler). Doch dem Zauber der Rose scheinen kirchliche Verdikte nicht gewachsen zu sein. Rosen, insbesondere die von den Kreuzfahrern erneut aus dem Orient mitgebrachten, seit Jahrhunderten vergessenen Rosen der Antike, zogen in die mittelalterlichen Klostergärten ein. Sie wurden als Heilmittel eingesetzt – etwa bei Lungenschmerzen, verdorbenem Magen, Wasseransammlungen oder starken Blutungen – und als Aphrodisiakum. Zudem gewann man aus ihnen Rosenwasser und Rosenöl. Und mit der Kraft ihrer duftenden Schönheit wurde aus der wilden Tochter der Venus das heilige Symbol der Jungfrau Maria. Als ›Weltenrose‹ und ›Rosa Mystica‹ stand die Rose nun im Mittelpunkt der Marienverehrung. Marienlieder wie *Maria durch ein Dornwald ging ... da haben die Dornen Rosen getragen* besitzen heute ihren festen Platz in der christlichen Liturgie.

In der Rose als Symbol Marias ist nicht nur das Wissen um die alte Weltenmutter und ihre Göttinnen Isis, Demeter, Kybele und Venus bewahrt, sondern auch die keltisch-germanische Mystik, die sich um die hiesige Wildrose, *Rosa canina,* rankt. Die weiß blühende Heckenrose war der nordischen Liebesgöttin Freya geweiht; sie galt als Schutz vor bösen Mächten und wurde um Kult- und Gerichtsstätten gepflanzt. Auch Grabfelder schützte man mit Wildrosen: Ihre Undurchdringlichkeit verband sich mit ihrer Zauberkraft. Die Wildrose gilt als Sinnbild für das ewige Leben und schmückt bis heute Todesanzeigen und Grabsteine. Die ›Heilige Rose‹ birgt die Erinnerung an die mystisch verehrte Fünfblättrigkeit der Wildrose. In ihrer Urform bildet sie das uralte Zeichen des Pentagramms, des fünfstrahligen Sterns, den die pythagoräischen Philosophen als zutiefst mystisches Symbol für Gesundheit und Erkenntnis verehrten und der bis heute als Zeichen des Lebens gilt. Im Mittelalter galt der ›Drudenfuß‹ als Abwehrmittel gegen Dämonen. Seine fünf Spitzen symbolisierten die fünf Wunden Christi. Fünf war auch die marianische Zahl, weil die Rose wie die ihr verwandte Apfelblüte fünf Blütenblätter aufweist und für Fruchtbarkeit, Mutterschaft, Jungfräulichkeit, Wiedergeburt und ewiges Leben steht. »Die Zahl Fünf galt als der Marienverehrung gemäß, weil Maria – symbolisiert in der Rose – die Reinkarnation Evas – symbolisiert im Apfel – darstellte« (Kübler).

Die Rose als Symbol für die Gottesmutter: Meister des Paradiesgärtleins, *Maria mit dem Jesuskind in den Erdbeeren,* um 1425

Im seit dem 13. Jahrhundert in Europa verbreiteten Rosenkranz, der zeitweilig aus gepressten Blütenkugeln bestand, manifestiert sich die Marienverehrung der Rose. Rosenkränze werden jedoch bereits in ägyptischen Totenbüchern erwähnt und haben ihre Vorläufer in der hinduistischen Rosenperlenschnur. Architektonische Entsprechung der ›Rosa Mystica‹ sind die großen Rosettenfenster der gotischen Kathedralen. In deren Geometrie findet man in verschlüsselter Form das universale Wissen über die Idee der Rose und ihren göttlichen Ursprung. Rosenfarbenes, ›mystisches‹ Licht gelangt durch sie in das Innere des Kirchenraumes.

Der magische Kern der Rosenverehrung ist seit Jahrtausenden lebendig geblieben. Die Alchimisten sahen in der weißen Rose das ›Kleine Magisterium‹, die Umwandlung minderwertiger Metalle in Silber, und in der roten Rose das ›Große Magisterium‹, die Verwandlung unedler Metalle in Gold. Die esoterische Bruderschaft der Rosenkreuzer führt die rote Rose im Wappen. Bis in unsere Zeit gilt mancherorts eine weiße Kletterrose an der Tür als Schutz des Hauses vor ungebetenen Gästen. Antiquitäten, die den Besitzer wechseln, werden mit reinem Rosenwasser abgerieben, um sie von vergangenem Ungemach reinzuwaschen. In Kosmetik und Heilkunde werden besonders die harmonisierenden und belebenden Kräfte der Rosenessenzen geschätzt.

Sandro Botticelli, *Geburt der Venus*, um 1484–86, Florenz, Galleria degli Uffizi

Sah ein Knab ein Röslein stehn — Johann Wolfgang von Goethe

Rosenreime, Rosenlieder, Rosengedichte oder ein Rosenstillleben – wem fiele keines ein? Das Rosenmotiv zieht sich wie ein roter Faden durch die Geschichte von Dichtung, Musik und Malerei. Natürlich spielt hier die Symbolkraft dieser Blume eine zentrale Rolle. Auch wenn Umberto Eco in der Nachschrift zu seinem berühmten Roman *Der Name der Rose* selbstironisch anmerkt, die Rose bedeute soviel, dass sie fast gar nichts mehr bedeutet. Doch weder das Poesiealbum noch die mittelalterliche Minneliteratur, weder der Dichterfürst Goethe noch die sensiblen Romantiker, der wortgewaltige Shakespeare oder die Moderne mit Paul Celan oder Bertolt Brecht können der Verlockung widerstehen, das Paradoxon der Rose – Schönheit und Grausamkeit, Zartheit und Härte – in ihre Bilderwelt zu übersetzen.

In römischer Zeit rät Ovid noch in launigen Versen allen verliebten Frauen, die Türschwelle mit Rosen vom Haupt des Geliebten zu bestreuen, um ihn zum Bleiben zu verführen. Dagegen ist der bereits erwähnte mittelalterliche *Rosenroman* mit seiner eindeutigen Symbolsprache eines der sinnlichsten Kunstwerke der Weltliteratur. Auch in Kriemhilds Garten des *Nibelungenliedes* wuchsen Rosen, deren – vieldeutige – Unschuld von zwölf Recken bewacht wurde; wer die Verteidiger dennoch überwand, erhielt einen Kranz aus Rosen und einen Kuss der Schönen. In Boccaccios *Decamerone* vergnügten sich die Liebenden hinter Spalieren aus weißen und roten Rosen, Vorläufern der Rosenlauben des 19. Jahrhunderts. In Shakespeares *Sommernachtstraum* hingegen »gatten« sich »des Geißblatts üppige Schatten mit süßer Moschusros' und Jasmin«.

Während ein ekstatischer Dante im Himmelsgarten der *Göttlichen Komödie* Centifolien blühen lässt, deren »Blätter leben und benedeien«, und am Ende die mystische Rose der göttlichen Liebe erblickt, ist Goethe weder den derben Trieben des *Heiderösleins* noch den Liederlichkeiten seiner Lieblingsblume abgeneigt: »Charakterlose Geschlechter, denen man vielleicht kaum Spezies zuschreiben darf, da sie sich in grenzenlosen Varietäten verlieren; diese Geschlechter hab ich manchmal die Lüderlichen zu nennen mich erkühnt und die Rose mit diesem Epithet zu belegen gewagt, wodurch freilich ihre Anmut nicht verkümmert werden kann.« Goethes Garten zierte eine Vielzahl der damals bekannten Rosensorten. Seine Version vom alten Volkslied des *Röschen auf der Haide* ist eine höchst eindeutige Allegorie von Leidenschaft und Gegenwehr; im *Faust II* halten Rosen streuende Engel die Höllengeister mit den »Balsam versendenden« Rosen auf. Liebe siegt über Hölle und Hass.

In den Gedichten der Romantik, in Adalbert Stifters berühmtem *Nachsommer* wie überhaupt bei den Dichtern des 19. Jahrhunderts mischt sich in die heiteren Rosenidyllen Wehmut und Schmerz über die Vergänglichkeit der Liebe und des Lebens. »Zu nah im Leben ist zu nah am Tod« (Friedrich Hebbel). Auch Oscar Wildes melancholische Geschichte von der *Nachtigall und der Rose* und – wunderbar klar – die *Niemandsrose* von Paul Celan sind Meisterwerke um die Rose als Begleiterin in Leben und Tod. Eine ganz besondere Rose blüht im weltberühmten *Kleinen Prinzen* von Antoine de Saint-Exupéry. Sie ist die einzige Blume in der Welt des Kleinen Prinzen; sie stellt hohe Ansprüche an ihn, und er ist in ständiger Sorge um sie. Am Ende ruft ihn die Treue zu seiner Rose auf den Planeten zurück. In ihr überlagern sich die Traurigkeit der Sonnenuntergänge und die Sehnsucht nach Liebe und münden in der Erkenntnis: »Ich war zu jung, um sie zu lieben.«

Auch wenn der Evergreen *Schenkt man sich Rosen in Tirol* nicht gerade zu den Geniestreichen der Musikgeschichte zählt, so gehört er doch zu den musikalischen Werken rund um die Rose. Große Komponisten haben das Rosenmotiv variiert. Erinnert sei an das Brahms-Lied *Guten Abend, gut Nacht, von Rosen bedacht,* an Mozarts *Rosenarie* aus dem letzten Akt von *Figaros Hochzeit* und natürlich an den *Rosenkavalier* von Richard Strauss.

Beim Gang durch die unendliche Galerie von Rosendarstellungen in der Malerei sei noch einmal an eines der berühmtesten Rosengemälde erinnert: Sandro Botticellis *Geburt der Venus.* Als die Göttin sich aus dem Meer erhebt, fallen Rosen vom Himmel. Von Leonardo da Vinci, Raffael und Michelangelo über die Stillleben des 18. und 19. Jahrhunderts bis hin zu den Meistern der botanischen Malerei durchzieht die Rose als symbolträchtige Knospe, in voller Blüte und von Vergänglichkeit gezeichnet die Kunstgeschichte. Dabei wird sie nicht mehr wie im Mittelalter als religiöses Symbol eingesetzt (beispielsweise in der berühmten Darstellung der *Muttergottes in der Rosenlaube* von Stefan Lochner), sondern als Hauptmotiv. Im 19. Jahrhundert genoss die Centifolie, die Hundertblättrige, dabei solche Wertschätzung, dass sie den Beinamen ›Malerrose‹ erhielt.

Die botanischen Rosenaquarelle sind vor allem mit dem Namen von Pierre-Joseph Redouté (1759–1840) verbunden. Er verewigte in seinen bis heute faszinierenden Bildern die legendäre Rosensammlung von Malmaison, in der Kaiserin Joséphine 250 verschiedene Sorten anpflanzen ließ. Auch Maria Sibylla Merian (1647–1717), herausragende Malerin, Kupferstecherin und Botanikerin, vermittelt in ihren Arbeiten einen Eindruck von den Rosen, die zu ihrer Zeit in den Gärten kulti-

Pierre-Joseph Redouté, porträtiert von Baron François Gérard, Brüssel, Musées royaux des Beaux-Arts de Belgique

Pierre-Joseph Redouté, *Rosa Gallica officinalis*, um 1815, Wien, Österreichische Nationalbibliothek

viert wurden. Sie ergänzte außerdem Insekten und Raupen, die Rosen vorzugsweise besuchen. Marc Chagall oder Max Beckmann zeigen, dass auch in der modernen Malerei der Rosenzauber wirkt.

Die künstlerischen Darstellungen der Rose sind Schatzkammern der Rosengeschichte. Sie bewahren Erinnerungen an längst vergangene Rosenschönheiten, an verlorene Rosenpersönlichkeiten. Sie vermitteln dem Betrachter eine Ahnung ihrer vielschichtigen Symbolik und bergen jenen geheimnisvollen Zauber, der Menschen seit Jahrtausenden berührt.

Oh reiner Widerspruch Rainer Maria Rilke

Weiß wie die Unschuld und die vollkommene Vereinigung aller Farben, rot wie das Blut, das Feuer, die Liebe. Himmlische Vollkommenheit und irdische Begierden, Fruchtbarkeit und Jungfräulichkeit. Durchscheinend zart, aber – einem amerikanischen Sprichwort zufolge – »groß wie ein Pferd, stark wie ein Bulle und zäh wie eine Ziege«. Militant stachelbewehrt und von betörendem Duft als zartestem Symbol göttlicher Nähe. Hure und Heilige, schöne Wilde und industrietaugliche Massenware, kostbare Einzelgängerin in mehr als 13 000 Sorten. Mystisch überhöht und überbordend real. Feinstes Öl und Niespulver aus Kindertagen – die Rose ist Harmonie in Widerspruch. In ihrer Kugelgestalt verbinden sich Anfang und Ende, Leben und Tod.

Ganz gleich, ob die an chinesisches Porzellan erinnernde ›Ayrshire Queen‹, von der eine einzige Pflanze einen Baum mit Blüten- und Duftwolken überziehen kann, oder die spröde *Rosa canina,* die auf Vertraulichkeiten keinen Wert legt, die leuchtend und unermüdlich blühende *Rosa gallica officinalis* oder die romantischen Blütenbälle der ›Constance Spry‹ – niemand kann sich dem Zauber der Rose entziehen. Ja es scheint, als verstärke sich in einer zunehmend nüchternen, hektischen und unpersönlichen Welt die Lust auf Rosen. 20 Millionen Rosenstöcke werden allein in Deutschland jährlich produziert. Rosenmotive sind in Mode, Rosenessenzen gefragt.

Gemalte Rosengrüße von Edouard Manet auf einem Brief an Isabelle Lemmonier

Obgleich sich in der Geschichte der Rose, wie in der keiner anderen Pflanze, die Kulturgeschichte der Menschen spiegelt, lässt sie sich nie ganz erobern. Bei jeder veredelten Rose bleibt ein Rest unbezähmbarer Wildheit, der gelegentlich zum Tod der Edelrose führt. Dieser Eigensinn des Lebens berührt die Menschen wie jene unbedingte Freiheit der Rose, die Scheich Hafis im 14. Jahrhundert im Rosenland Persien besang: »Sonne, Tau und süßen Wind von Osten, | Allen Glanz und alles Glück der Erde | Weiß sie frei und unbesorgt zu kosten.« So bewahrt sie denn seit Jahrtausenden etwas von ihrem Geheimnis auch vor all jenen, die ihre Geschichte erforschen. Entzifferte Inschriften und chemisch analysierte Grabfunde, Legenden und Dokumente haben es nicht vermocht, sie zu entzaubern. Sanft schaukelt sie im Lauf der Dinge, lehrt Leben- und Sterbenlernen. Sie berührt die jedem Menschen innewohnende Sehnsucht nach Glück und Liebe; sie verführt zum Träumen; sie ist nach Rudolf Borchardt »eine leidenschaftliche Andeutung, ein Griff ins Unmögliche, eine Herausforderung aus den Tiefen des menschlichen *Dennoch*«.

Diesen glücklichen Eigensinn, diesen Zauber des Widerspruchs, dieses Wissen um Liebe und Vergänglichkeit, diese einfache Freude an betörender Schönheit haben Rosenmaler aller Epochen in ihren Bildern geborgen – und stimmen damit ein in das Hohelied auf die Königin der Blumen. »Rose, oh reiner Widerspruch, Lust, | Niemandes Schlaf zu sein unter soviel | Lidern« (Rainer Maria Rilke).

Was ist ein Name? Was uns Rose heißt,
Wie es auch hieße, würde lieblich duften.

William Shakespeare, 1564–1616, *Romeo und Julia*, Akt II, Szene II

Das Rosen-Innere

Wo ist zu diesem Innen
ein Außen? Auf welches Weh
legt man solches Linnen?
Welche Himmel spiegeln sich drinnen
in dem Binnensee
dieser offenen Rosen,
dieser sorglosen, sieh:
wie sie lose im Losen
liegen, als könnte nie
eine zitternde Hand sie verschütten.
Sie können sich selber kaum
halten; viele ließen
sich überfüllen und fließen
über von Innenraum
in die Tage, die immer
voller und voller sich schließen,
bis der ganze Sommer ein Zimmer
wird, ein Zimmer in einem Traum.

Rainer Maria Rilke 1875–1926

Georg Flegel, *Rose und Birnen*, um 1610, Aquarell,
Staatliche Museen zu Berlin, Preußischer Kulturbesitz, Kupferstichkabinett

Folgende Doppelseite:

Jan Frans Eliaerts, *Blumen* (Ausschnitt), Anfang 19. Jh.,
Öl auf Leinwand, Privatsammlung

78

Betrachte […] wie aus grüner Knospe
Bescheiden, mädchenhaft die Rose sprießt,
Halb aufgegangen schon, noch halb verborgen
Und minder sichtbar um so schöner ist!
O siehe, wie sie alsbald ihren Busen
Entblößt und kühn entfaltet und schon schmachtet
Und nicht mehr ist, die eben noch von tausend
Geliebten, tausend Liebenden, begehrt war.

So schwindet hin im Schwinden eines Tages
Des Menschenlebens Jugendgrün und -blüte.
Und ob der Wonnemond auch wiederkehre,
Es grünt nicht mehr und niemals grünt es wieder.
Lasst uns am schönen Morgen dieses Tages,
Der bald den Glanz verliert, die Rose pflücken,
Der Liebe Rose pflücken, lasst uns lieben,
Solange Liebe Liebe noch erwidert.

Torquato Tasso 1544–1595

Edouard Manet, *Blumen in einer Kristallvase,* 1882,
Öl auf Leinwand, Paris, Musée d'Orsay

Die Rose, die Lilie, die Taube, die Sonne,
Die liebt ich einst alle in Liebeswonne.
Ich lieb sie nicht mehr, ich liebe alleine
Die Kleine, die Feine, die Reine, die Eine;
Sie selber, aller Liebe Bronne,
Ist Rose und Lilie und Taube und Sonne.

HEINRICH HEINE 1797–1856

Edouard Vuillard, *Rosenstrauß* (Ausschnitt), Anfang 20. Jh.,
Öl auf Leinwand, Lille, Palais des Beaux-Arts

Folgende Doppelseite:

Henri Fantin-Latour, *Rosen*, 2. Hälfte 19. Jh.,
Öl auf Leinwand, Lyon, Musée des Beaux-Arts

Was sagt' der Herbst der Ros' ins Ohr,
dass sie die Munterkeit verlor?
Er mahnt' sie an die Nichtigkeit der Treue,
die der Lenz ihr schwor.

Hafis, um 1326–1390,
in einer Nachdichtung von Friedrich Rückert 1788–1866

O wieviel schöner strahlt die Schönheit doch
Im edlen Schmuck, den ihr die Treue leiht.
Die Ros' ist süß, und dünkt uns süßer noch,
Um ihres Duftes reiner Lieblichkeit.
Wohl ist auch tief gefärbt die wilde Rose,
Und gleicht der echten Blume duft'gem Glanz,
Sie spielt auf zartem Strauch im Windgekose,
Erschließt ein Frühlingshauch der Blätter Kranz;
Doch weil ihr Wert nur hängt am äußern Schimmer,
So blüht sie ungesehn, welkt und vergeht;
Sie stirbt sich selbst; die süße Rose nimmer,
Weil süßer Duft aus ihrem Tod entsteht.

So ist es, Freund, mit deiner Schönheit Blüte:
Stirbt sie, bewahrt mein Vers dein treu Gemüte.

WILLIAM SHAKESPEARE, 1564–1616, *Sonett* 54

Henri Fantin-Latour, *Blumen,* 2. Hälfte 19. Jh.,
Öl auf Leinwand, Paris, Musée du Louvre

Folgende Doppelseite:

Pierre-Joseph Redouté, *Rosa alba Regalis* (Ausschnitt),
Kupferstich von Bessin nach einem Aquarell von Redouté, um 1815,
Staatliche Museen zu Berlin Preußischer Kulturbesitz, Kunstbibliothek

Es erröten wie die Mädchen nun die Hecken, seht nur hin,
Oh die Rose, ach, die Rose ist der Blumen Königin!

Sappho, um 600 v. Chr.

Die Welt umfasset nicht das Bild der Rose,
Die Phantasie umfasset nicht die Rose.
Vom Seelengarten Botin ist die Rose,
Und Inbegriff der Schönheit ist die Rose.

Dschelaladdin Rumi 1207 – 1273

Auguste Renoir, *Rosen in einem Glas*, 1905,
Öl auf Leinwand, Bagnols-sur-Cèze, Musée Léon Alègre

Folgende Doppelseiten:

Vincent van Gogh, *Vase mit Rosen*, 1890,
Öl auf Leinwand, Privatsammlung

Raoul Dufy, *1901. 30 Jahre oder La vie en rose*, 1931,
Öl auf Leinwand, Paris, Musée d'Art moderne de la Ville de Paris

Heinrich Hartung, *Rosenstillleben*, 1927,
Öl auf Leinwand, Düsseldorf, Galerie G. Paffrath

901 30 ans ou la vie en rose

Raoul Dufy 1931

H. HARTUNG-DF.
1927

Rosen

Im weissen und glutblumigen gewoge ·
Von büschen weithinwallend höh und mulde ·
Fingst du dich – sangst du · kosend und dich pressend
Ins duftige dickicht .. du verloren ganz
In dieser rosenpracht. Am mittag fielen
Wechselnd an lust dir blätter auf den mund
Und schlafend spielten mit dir büschel garben
        Wellen von rosen.

Dass dich der abend hier noch traf! du irrest
In dem gesträuch wo du dich nicht mehr kennst ·
Blind küssest du dich an den stacheln wund.
Nun sitze da – das haupt gesenkt und blutend.
Nun wirbeln reichlich von der nacht geregt
Die blüten .. mag ihr purpur niederfallen
Zu hüllen deine schmach! Nun lerne trauer
        Und ernst von rosen.

STEFAN GEORGE   1868–1933

Vincent van Gogh, *Vase mit weißen Rosen*, 1890,
Öl auf Leinwand, Privatsammlung

Ach, wie sollen wir die kleine Rose buchen?

Ach, wie sollen wir die kleine Rose buchen?
Plötzlich dunkelrot und jung und nah?
Ach, wir kamen nicht, sie zu besuchen
Aber als wir kamen, war sie da.

Eh sie da war, ward sie nicht erwartet.
Als sie da war, ward sie kaum geglaubt.
Ach, zum Ziele kam, was nie gestartet.
Aber war es so nicht überhaupt?

Bertolt Brecht 1898–1956

Raoul Dufy, *Garten und Haus. Rose in einem Interieur*, 1915,
Öl auf Leinwand, Paris, Musée d'Art moderne de la Ville de Paris

Rosen, ihr blendenden,
Balsam versendenden!
Flatternde, schwebende,
Heimlich belebende,
Zweigleinbeflügelte,
Knospenentsiegelte,
Eilet zu blühn!

Johann Wolfgang von Goethe 1749–1832
Faust. Der Tragödie zweiter Teil, Grablegung: Chor der Engel

Pierre-Joseph Redouté, *Rosa multiflora carnea* (Ausschnitt),
Kupferstich von Talbot nach einem Aquarell von Redouté,
Staatliche Museen zu Berlin, Preußischer Kulturbesitz, Kunstbibliothek

Rosen

Wenn erst die Rosen verrinnen
aus Vasen oder vom Strauch
und ihr Entblättern beginnen,
fallen die Tränen auch.

Traum von der Stunden Dauer,
Wechsel und Wiederbeginn,
Traum – vor der Tiefe der Trauer:
blättern die Rosen hin.

Wahn von der Stunden Steigen
aller ins Auferstehn,
Wahn – vor dem Fallen, dem Schweigen:
wenn die Rosen vergehn.

Gottfried Benn 1886–1956

Théophile Alexandre Steinlen, *Rosenstrauß in einer Vase auf einem Tisch,* Ende 19. Jh., Pastell auf grau-blauem Papier, Paris, Musée du Louvre

Folgende Doppelseite:

Auguste Renoir, *Rosen in einer Vase,* Ende 19. Jh., Öl auf Leinwand, Paris, Musée d'Orsay

Rosenleben

Ach Rose, die du, märchenhaft gestaltet,
Wenn kaum der holde Lenz dahin gegangen,
Gleich wie ein Brief, den wir von ihm empfangen,
In stillem Zauber lieblich dich entfaltet!

Ich ahne, was als Leben in dir waltet,
Wenn deine Blätter, wie in Wollust, prangen,
Und wenn dein Duft in sehnendem Verlangen
Dem Kelch entschwebt, den seine Glut gespaltet.

Es ist dasselbe ungestüme Ringen,
Das auch in mir lebt, glühend und gewaltsam,
Zum Hohen und zum Höchsten vorzudringen.

Ich aber muss erst welken und vergehen,
Wenn *du* im Werden selbst schon unaufhaltsam
Beginnen darfst ein endlos Auferstehen.

FRIEDRICH HEBBEL 1813–1863

Suzanne Valadon, *Rosenstrauß in einem Glas*, 1926,
Öl auf Leinwand, Privatsammlung

Folgende Doppelseite:

Rachel Ruysch, *Rosenzweig mit Käfer und Biene*, 1741,
Öl auf Leinwand, Basel, Kunstmuseum

Suzanne Valadon
1926

Flammende Rose, Zierde der Erden,
Glänzender Gärten bezaubernde Pracht!
Augen, die deine Vortrefflichkeit sehen,
Müssen, vor Anmut erstaunet, gestehen,
Dass dich ein göttlicher Finger gemacht.

BARTHOLD HINRICH BROCKES 1680–1747
Zweite Aria aus dem Gedichtzyklus *Die Rose*

Monogrammist M. L., *Rosen in einer Vase*, 1859,
Öl auf Holz, Privatsammlung

Folgende Doppelseite:

Barbara Regina Dietzsch, *Die hundertblättrige Rose* (Ausschnitt),
um 1760–70, kolorierter Kupferstich, Privatsammlung

Zauberkreis

Vas steht denn auf den hundert Blättern
ler Rose all?
Vas sagt denn tausendfaches Schmettern
ler Nachtigall?

uf allen Blättern steht, was stehet
uf einem Blatt;
us jedem Lied weht, was gewehet
n ersten hat:

)ass Schönheit in sich selbst beschrieben
at einen Kreis,
nd keinen andern auch das Lieben
u finden weiß.

)rum kreist um sich mit hundert Blättern
ie Rose all,
nd um sie tausendfaches Schmettern
er Nachtigall.

RIEDRICH RÜCKERT 1788–1866

Die Nachtigall sang,
Und die Ros' entsprang.
Und hätte die nicht gesungen,
So wäre sie nicht entsprungen.

Die Ros' entsprang,
Und die Nachtigall sang.
Und wäre die nicht entsprungen,
So hätte sie nicht gesungen.

Die Nachtigall sang,
Weil die Ros' entsprang.
Doch ist die Rose entsprungen,
Weil Nachtigall hat gesungen.

FRIEDRICH RÜCKERT 1788–1866

Jan van Huysum, *Blumenvase*, 1722,
Öl auf Leinwand, St. Petersburg, Staatliche Eremitage

Jan Van Huysum fecit 1722

Ode an die Rose

Lasst uns doch Cupidens Rosen
Mit des Bacchus Lust vermischen.
Lasst uns doch mit Rosenkränzen
Unsre muntre Scheitel krönen,
Und bey zartem Lachen trinken.
Rose! Königin der Blumen!
Rose! jedes Frühlings Zierde,
Rose! Liebling aller Götter,
Rose! die Cytherens Knabe,
Mit den Charitinnen tanzend,
Selbst auf schöner Stirne traget.
Kröne mich denn, lieber Bacchus!
So will ich dein Lob besingen,
Und mit einer schönen Dirne,
In den besten Rosenkränzen,
Deinen Festtag tanzend ehren.

Anakreon, um 580 – um 495 v. Chr.

Elisabeth Louise Vigée-Lebrun, *Blumenvase und Krone*,
Ausschnitt aus einem Porträt von Marie Antoinette, 1778,
Châteaux de Versailles et de Trianon

Komm her; wir wollen eine Weile still sein.
Sieh diese Rose an auf meinem Schreibtisch;
ist nicht das Licht um sie genau so zaghaft
wie über dir; sie dürfte auch nicht hier sein.
Im Garten draußen, unvermischt mit mir,
hätte sie bleiben müssen oder hingehn, –
nun währt sie so: was ist ihr mein Bewusstsein?

RAINER MARIA RILKE 1875–1926
Requiem. Für eine Freundin (Paula Modersohn Becker)

Gustave Moreau, *Teerose*, 2. Hälfte 19. Jh.,
Öl auf Holz, Paris, Musée Gustave Moreau

Holdes Wunder einer Blume

Holdes Wunder einer Blume!
Bebend steigt ihr zarter Flaum
aus der braunen Mutterkrume
auf, ein duftgewebter Traum.
Auf dem schlanken Stengelstamme
glüht das samtne Rosenhaupt.
Dieses Sommers wilde Flamme
hat die Trunkene geraubt!
Großes Wunder einer Liebe!
Aus dem Dunkel, aus dem Nichts,
aus der Wirrnis dumpfer Triebe
bricht ihr Wesen tiefen Lichts.
Ihrer Sehnsucht Blütenschale
ist von Sternenduft gefüllt,
und aus jedem Augenstrahle
sprüht des Liebsten Ebenbild.

Rose Ausländer 1901–1988

Pierre-Joseph Redouté, *Rosa sulfurea* (Ausschnitt),
Kupferstich von Langlois nach einer Zeichnung von Redouté, um 1817,
Staatliche Museen zu Berlin Preußischer Kulturbesitz, Kunstbibliothek

Meine Rosen

Ja! Mein Glück – es will beglücken –,
alles Glück will ja beglücken!
Wollt ihr meine Rosen pflücken?

Müsst euch bücken und verstecken
zwischen Fels und Dornenhecken,
oft die Fingerchen euch lecken!

Denn mein Glück – es liebt das Necken!
Denn mein Glück – es liebt die Tücken! –
Wollt ihr meine Rosen pflücken?

FRIEDRICH NIETZSCHE 1844–1900

George Cochran Lambdin, *Rosen, rosa und gelb* (Ausschnitt), 2. Hälfte 19. Jh., Öl auf Leinwand, Privatsammlung

Folgende Doppelseite:

Henri Fantin-Latour, *Rosen in einer Schale*, 2. Hälfte 19. Jh., Öl auf Leinwand, Paris, Musée d'Orsay

Rosen

Dass jede Rose Dornen hat,
Scheint mir kein Grund zu klagen,
Solange uns die Dornen nur
Auch weiter Rosen tragen

Mascha Kaléko 1907–1975

André Derain, *Rosen in einer Vase*, 1934,
Öl auf Leinwand, Paris, Musée de l'Orangerie

Lied für die junge Freundin

Übersetz mir den Rosenduft
in etwas, was uns noch mehr
gehört . . . : dass in der Luft
zwischen uns ein ihm Gleiches wär,
selig wie er!

Selig wie er? Ist er denn selig auch?
Ach, oft so schwer . . .
Dieser Sommerhauch,
wo kommt er her?
Kommt er wirklich vom Rosenbeet,
oder ist er Erinnerung?
Macht er alt oder jung,
wenn er vergeht?

[. . .]

Rosen duften so allgemein, –
duften wie das Dunkelsein,
in dem man keinen erkennt.
Sieh, wie uns heute der Rosenduft,
dieses viele Gefühl in der Luft:
wie es uns trennt!

Rainer Maria Rilke 1875–1926

Max Beckmann, *Stillleben mit roten Rosen*, 1914,
Öl auf Leinwand, Privatsammlung

Folgende Doppelseite:
Ambrosius Bosschaert d. Ä., *Blumenstillleben*, 1614,
Öl auf Kupfer, Los Angeles, The J. Paul Getty Museum

Letzte Rosen

Dies sind die letzten; suche nicht nach mehr;
Ich suchte; doch ich fand nicht; Wind bricht ein,
Und Regen droht; der Himmel trüb und schwer
Hängt übers Land und löscht den letzten Schein.

Dies sind die letzten; voller Dornen hing,
Da ich sie nahm, mein Haar, doch nahm ich sie:
So riss ich Glück, ein hochauf rankend Ding
Aus Dornen, und ich bog vor dir das Knie,

Und bots hinauf, Duft für Minuten; o,
Vergiss das nicht; dies sind die letzten, heut
Schwermut der letzten Stunden duftet so,
Wie diese Kelche hängt, was uns gefreut,

Balsamisch bleich am überschwerten Stiel
Und gibt sich aufgetan im Tode preis
Dem ersten Blitz, der aus der Wolke fiel,
Entbunden, wie die Mutter ihres Schreis.

Frühling ist tot, und Sommer fährt herauf.
Mein Herz bleibt stehn, ich habe keine Luft;
Es muss geschehn, dass ohne mich sein Lauf
Sich schließt, wie er begann, mit diesem Duft.

Rudolf Borchardt 1877–1945

Tamara de Lempicka, *Weiße Vase mit Rosen und anderen Blumen*, 20. Jh.,
Öl auf Leinwand, Privatsammlung

LEMPICKA

An eine Rose

Ewig trägt im Mutterschoße,
Süße Königin der Flur!
Dich und mich die stille, große,
Allbelebende Natur;
Röschen! unser Schmuck veraltet,
Stürm' entblättern dich und mich,
Doch der ewge Keim entfaltet
Bald zu neuer Blüte sich.

FRIEDRICH HÖLDERLIN 1770–1843

Maurice Marinot, *Rosen auf einem Teppich*, Anfang 20. Jh.,
Öl auf Leinwand, Troyes, Musée d'art moderne

Der Wind und die Rose

Kleine blasse Rose!
Der Wind, von Luv, der lose,
der dich zerwühlte,
als wär dein Blatt
das Kleid von einer Hafenfrau –
er kam so wild und kam so grau!

Vielleicht auch fühlte
er sich für Sekunden matt
und wollt in deinen dunklen Falten
den Atem sanft verhalten.
Da hat dein Duft ihn so betört,
berauscht,
dass er sich bäumt und bauscht
und dich vor Lust zerstört,
dass er sich noch mit deinem Kusse bläht,
wenn er am bangen Gras vorüberweht.

Wolfgang Borchert 1921–1947

Michail Wrubel, *Rose in einem Glas,* Ende 19. Jh.,
Aquarell, Moskau, Tretjakow-Galerie

Rosenzauber

Ich will die Rosen sehen, die überall
in dem Gelände duften jetzt und blühn.
Ich lebe hinter einem Rosenwall
und brauche ihre Namen nicht bemühn –

nicht Sutters Gold, nicht Queen Elizabeth,
Dorothy Perkins. Namen sind ein Duft,
ein Glanz. Es ist mir manchmal so, als hätt
ich nie genug genannt die Zauberluft.

Ich denk an Laurins Rosengarten, den
ein Seidenfaden magisch einst umschloss.
Ich kann ihn bei geschlossenen Augen sehn
und wie der Zwergenkönig ihn genoss.

Karl Krolow 1915–1999

Ernest Quost, *Rosen* (Ausschnitt), 1916,
Öl auf Leinwand, Paris, Musée d'Orsay

Rose im Schnee

Rose weiß, Rose rot,
Wie süß ist doch dein Mund,
Rose rot, Rose weiß,
Dein denk ich alle Stund,
Alle Stund bei Tag und Nacht,
Dass dein Mund mir zugelacht,
Dein roter Mund.

Ein Vogel sang im Lindenbaum,
Ein süßes Lied er sang,
Rose weiß, Rose rot,
Das Herz im Leib mir sprang,
Sprang vor Freude hin und her,
Als ob dein Lachen bei ihm wär,
So süß es klang.

Rose weiß, Rose rot,
Was wird aus mir und dir?
Ich glaube gar, es fiel ein Schnee,
Dein Herz ist nicht bei mir,
Nicht bei mir, geht andern Gang,
Falsches Lied der Vogel sang
Von mir und dir.

Hermann Löns 1866–1914

Marc Chagall, *Der weihnachtliche Rosenstrauß*, 1978,
Öl auf Leinwand, Privatsammlung

Der Schmetterling ist in die Rose verliebt,
Umflattert sie tausendmal,
Ihn selber aber goldig zart,
Umflattert der liebende Sonnenstrahl.

Jedoch, in wen ist die Rose verliebt?
Das wüsst' ich gar so gern.
Ist es die singende Nachtigall?
Ist es der schweigende Abendstern?

Ich weiß nicht, in wen die Rose verliebt;
Ich aber lieb' Euch all:
Rose, Schmetterling, Sonnenstrahl,
Abendstern und Nachtigall.

Heinrich Heine 1797–1856

Maria Sibylla Merian, *Rose mit Schmetterling und Raupe*, um 1700,
farbiger Kupferstich von P. Sluyter, um 1730,
nach einer Zeichnung von Merian aus ›Recueil de plantes des Indes‹,
Staatsbibliothek zu Berlin Preußischer Kulturbesitz, Handschriftenabteilung

P. Sluyter Sculp. Rosier

Die Rose

Ich bin schön, denn ich bin im Garten
meines Geliebten gewachsen.
Ich stand im Frühlingsregen und trank Sehnsucht,
ich stand in der Sonne und bekam Glut –
nun stehe ich offen und warte.

EDITH SÖDERGRAN 1892–1923

Raoul Dufy, *Die Rosen*, um 1942,
Aquarell, Paris, Musée d'Art moderne de la Ville de Paris

Ihr verblühet, süße Rosen,
Meine Liebe trug euch nicht;
Blühtet, ach, dem Hoffnungslosen,
Dem der Gram die Seele bricht!

Jener Tage denk' ich trauernd,
Als ich, Engel, an dir hing,
Auf das erste Knöspchen lauernd
Früh zu meinem Garten ging,

Alle Blüten, alle Früchte
Noch zu deinen Füßen trug,
Und vor deinem Angesichte
Hoffnung in dem Herzen schlug.

Ihr verblühet, süße Rosen,
Meine Liebe trug euch nicht;
Blühtet, ach, dem Hoffnungslosen,
Dem der Gram die Seele bricht!

JOHANN WOLFGANG VON GOETHE 1749–1832
Erwin und Elmire. Ein Singspiel, II. Aufzug, 1. Szene

Horst Janssen, *Heckenrose,* 1976, Bleistift und Farbstift

Folgende Doppelseiten:

Vincent van Gogh, *Rosen und Sonnenblumen,* 1886,
Öl auf Leinwand, Mannheim, Kunsthalle

Pierre-Joseph Redouté, *Rosa centifolia foliacea* (Ausschnitt),
Kupferstich von Langlois nach einem Aquarell von Redouté, um 1815,
Staatliche Museen zu Berlin Preußischer Kulturbesitz, Kunstbibliothek

Antoine Berjon, *Stillleben mit Blumen, Muscheln, einem Haikopf und Versteinerungen* (Ausschnitt),
1819, Öl auf Leinwand, Philadelphia Museum of Art, Edith H. Bell Fund

Vincent

Die Rose ist das höchste Liebeszeichen,
dem Herzensfreund will ich die Rose reichen.
Gedanken sterben im Gefühl der Liebe,
wie Gartenblumen vor der Ros' erbleichen.
Die Rose trägt den stillen Dorn am Herzen,
weil nie die Schmerzen von der Liebe weichen.
Ein einzig Bild der Schönheit ist die Rose;
was gleichet ihr in Erd- und Himmelsreichen?
Der vollen Rose gleicht an Pracht die Sonne,
und alle Blättlein siehst du Monden gleichen.
Der Sonne Lichtrad ist in ihr gerundet,
und hundert Monde rollen dran als Speichen.
Die Sonne, die aus Monden wuchs, die Rose,
dem Herzensfreund will ich die Rose reichen.

DSCHELALADDIN RUMI 1207–1273
In einer Nachdichtung von FRIEDRICH RÜCKERT 1788–1866

Georgia O'Keeffe, *Blüte einer Kupferrose*, 20. Jh.,
Öl auf Leinwand, Privatsammlung

Kleine Rosenbibliothek

Alma de L'Aigle: *Begegnung mit Rosen,* München 2002

David Austin: *Strauchrosen & Kletterrosen,* Köln 1995

Peter Beales: *Klassische Rosen,* Köln 2002

Rudolf Borchardt: *Der leidenschaftliche Gärtner,* Frankfurt 1992

Christopher Brickell | Fay Sharman: *Pflanzenschätze aus alten Gärten,* Stuttgart 1988

Jürgen Dahl: *Zeit im Garten,* München 1994

Umberto Eco: *Nachschrift zum ›Namen der Rose‹,* München 1984

Brent Elliott: *Flora. Der Duft der Ferne,* München 2001

James George Frazer: *Der goldene Zweig – Das Geheimnis von Glauben und Sitten der Völker,* Hamburg 1989

Barbara Frischmuth: *Fingerhut und Feenhandschuh – Ein literarisches Gartentagebuch,* Berlin 1999

Anne Marie Fröhlich (Hg.): *Rosen – Texte aus der Weltliteratur,* Zürich 1997

Sylvie Girard-Lagorce: *Rosenlust. Blume, Duftöl und Dekor,* Hildesheim 2001

Eckart & Fritz Haenchen: *Das neue Rosenbuch,* Berlin 1983

Peter Harkness: *Rosen,* Köln 2003

Marina Heilmeyer: *Die Sprache der Blumen. Von Akelei bis Zitrus,* München · Berlin · London · New York 2002

Kej Hielscher | Renate Hücking: *Pflanzenjäger – In fernen Welten auf der Suche nach dem Paradies,* München 2003

Ilse Höger-Orthner: *Vom Zauber der alten Rosen,* München 1991

Anny Jacob (Hg.): *Rosenporträts. Die schönsten Farbtafeln aus der ›Rosen-Zeitung‹* 1886–1921, Waltrop und Leipzig 1992

Christina Kiehs-Glos: *Wildrose,* Stuttgart 2000

Stefanie Körner | John Scarman: *Rosen für die Sinne,* München 2002

Gerd Krüssmann: *Rosen Rosen Rosen,* Berlin 1986

Sabine Kübler: *Blatt für Blatt die Rose.* Katalog des Rosenmuseums Steinfurth, Steinfurth 1972

Marion Nickig | Heide Rau: *Romantische Rosen,* Hamburg 1996

Gerda Nissen: *Alte Rosen,* Heide 1995

Pierre-Joseph Redouté: *Rosen,* Köln 1999

Romantic Roses. Redouté's Roses, Köln 2002

Vita Sackville-West: *Mein Garten,* München 2001

Renate Stendhal (Hg.): *Gertrude Stein – Ein Leben in Bildern und Texten,* Zürich 1989

Adalbert Stifter: *Der Nachsommer,* Frankfurt 1982

Roy Strong: *Zauberhafte kleine Gärten, nach historischen Vorbildern liebevoll gestaltet,* Köln 1993

Werner Telesko: *Die Weisheit der Natur,* München · Berlin · London · New York 2001

Barbara G. Walker: *Das geheime Wissen der Frauen,* München 1995

Quellenangaben

Wir bedanken uns bei folgenden Verlagen für die Abdruckgenehmigung der Gedichte:
Rose Ausländer, aus: *Die Erde war ein atlasweißes Feld. Gedichte 1927–1956* © 1985 S. Fischer Verlag GmbH, Frankfurt a. M.
Gottfried Benn, aus: *Sämtliche Gedichte*, © 1998 Klett-Cotta, Stuttgart
Rudolf Borchardt, aus: *Gesammelte Werke. In 14 Einzelbänden. Gedichte*. Textkritisch revidierte Neuedition der Ausgabe von 1957. Hg. v. Gerhard Schuster und Lars Korten. © 2003 Klett-Cotta, Stuttgart
Wolfgang Borchert, aus: *Das Gesamtwerk*, © 1949 Rowohlt Verlag GmbH, Hamburg
Bertolt Brecht, aus: *Sämtliche Werke*, Band 15, © 1993 Suhrkamp Verlag, Frankfurt a.M.
Stefan George, aus: *Sämtliche Werke in 18 Bänden*. Hg. von der Stefan-George-Stiftung, Stuttgart, Band 6/7: *Der siebente Ring*. Bearb. von Ute Oelmann, © 1986 Klett-Cotta, Stuttgart
Mascha Kaléko, aus: *Die paar leuchtenden Jahre*, © 2003 Deutscher Taschenbuch Verlag, München
Karl Krolow, aus: *Gesammelte Gedichte*, Band 4, © 1997 Suhrkamp Verlag GmbH, Frankfurt a. M.

Abbildungsnachweis

Artothek, Weilheim: Umschlag und 56/57 (Hans Hinz), 2/3, 9, 14, 38/39, 42/43, 45 (Peter Willi), 55, 59, 60/61, 71, 77, 81, 89, 103, 107
Scarlet Berner, München: Vorsatz, 16/17, 104/105
Bildarchiv Preußischer Kulturbesitz, Berlin: 19, 23 (Foto: Jörg P. Anders), 34/35, 49, 69, 91, 98/99
Graydon Wood: 100/101
RMN - Réunion des Musées Nationaux, Paris: 20/21 (René-Gabriel Ojeda), 15, 27 (Michèle Bellot), 29 (P. Bernard), 30/31 (Jean Schormans), 33 (Arnaudet), 37, 64, 67 (Photo RMN), 40/41, 46, 92 (Bulloz), 51 (Le Mage), 52/53 (C. Jean), 72/73, 82, 87 (Gérard Blot), 75 (F. Raux)
Rosenmuseum Steinfurth, Bad Nauheim: 106
Scala, Antella/Florenz: 4, 24/25, 63, 85
The J. Paul Getty Museum, Los Angeles: 78/79

Ernst Rudolph, *Rosenernte*, Ende 19. Jh., Öl auf Holz, Privatsammlung >

Rosen aus der Serie der *Lebenden Blumen* von Grandville, 1867 (1. und 3. von links), begleitet von zwei Blumendamen aus *Floras Fest* von Walter Crane, 1890

Umschlag-Vorderseite: Rachel Ruysch, *Rosenzweig mit Käfer und Biene* (Ausschnitt), um 1741, siehe Seite 56/57
Vorsatz: Rosenblätter, fotografiert von Scarlet Berner
Seite 2/3: Henri Fantin-Latour, *Vase mit weißen Rosen* (Ausschnitt), 1885, Öl auf Leinwand, Privatsammlung

Die Deutsche Bibliothek verzeichnet diese Publikation in der Deutschen Nationalbibliografie; detaillierte bibliografische Daten sind im Internet über http://dnb.ddb.de abrufbar.

Prestel Verlag
Königinstraße 9
D-80539 München
Tel. 0049 89 38 17 09-0
Fax 0049 89 38 17 09-35
www.prestel.de

Idee und Konzeption: Jürgen Tesch
Bild-/Textauswahl, Lektorat: Gabriele Ebbecke
Gestaltung: Cilly Klotz
Lithographie: Repro Ludwig, Zell am See
Druck und Bindung: Passavia, Passau
Gedruckt auf chlorfrei gebleichtem Papier
Printed in Germany
ISBN 3-7913-3029-2 *deutsche Ausgabe*
ISBN 3-7913-3030-6 *englische Ausgabe*